Madame pendue n° 2

éditions BRAVO!

© 2010 Mike Ward, Brainteaser Publications, pour l'édition originale
© 2011 Les Publications Modus Vivendi inc., pour l'édition française

L'édition originale de cet ouvrage est parue chez Sterling Publishing Co.,
Inc. sous le titre *Hangwoman*

Publié par les Éditions Bravo! une division de
LES PUBLICATIONS MODUS VIVENDI INC.
55, rue Jean-Talon Ouest, 2ᵉ étage
Montréal (Québec) H2R 2W8
CANADA

www.groupemodus.com

Directeur éditorial : Marc Alain
Réviseure : Mireille Lévesque

Dépôt légal — Bibliothèque et Archives nationales du Québec, 2011
Dépôt légal — Bibliothèque et Archives Canada, 2011

ISBN 978-2-89670-045-5

Imprimé en Chine

COMMENT JOUER

L'objectif est de remplir les lettres manquantes au bas de la page pour y découvrir le mot mystère. Vous devez deviner le mot mystère en faisant le moins de mauvais choix de lettres possible. Grattez une pastille, à votre choix, sous une lettre. Si cette lettre figure dans le mot mystère, on vous indiquera où la placer dans l'ordre numéroté au bas de la page. Mais si vous choisissez une lettre qui n'appartient pas au mot mystère, la *madame* pendue vous montrera sa langue et vous devrez tracer une partie du corps sur l'échafaud.

Il y a six (6) parties du corps – deux bras, deux jambes, un corps et une tête. Vous avez donc six chances d'erreurs avant que la *madame* ne soit pendue ou pour découvrir le mot mystère.

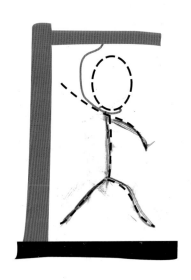

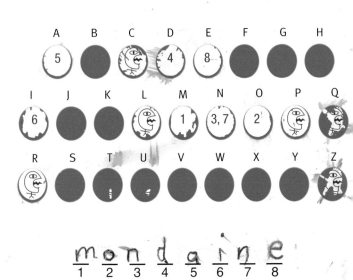

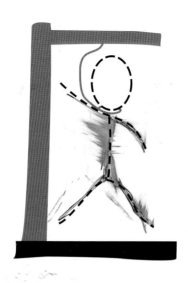

A (2, 4) B C D (6) E (8) F G H

I (7) J K L (1) M N (5) O P Q

R (9) S T U V (3) W X Y Z

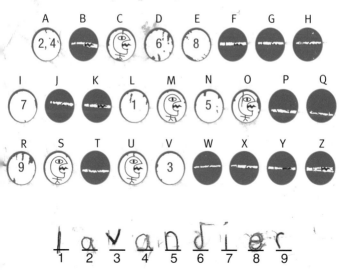

l a v a n d i e r
1 2 3 4 5 6 7 8 9

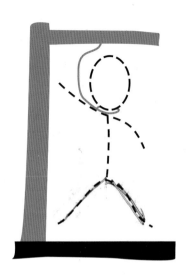

A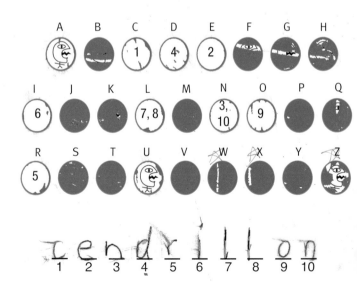

A	B	C	D	E	F	G	H
		1	4	2			

I	J	K	L	M	N	O	P	Q
6			7,8		3, 10	9		

R	S	T	U	V	W	X	Y	Z
5								

C e n d r i l l o n
1 2 3 4 5 6 7 8 9 10

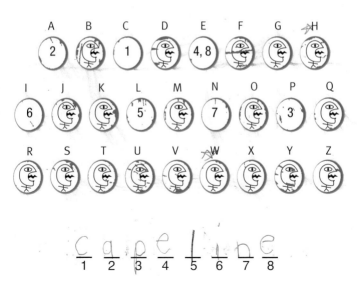

A	B	C	D	E	F	G	H
2		1		4,8			

I	J	K	L	M	N	O	P	Q
6			5		7		3	

R	S	T	U	V	W	X	Y	Z

C a p e l i n e
1 2 3 4 5 6 7 8

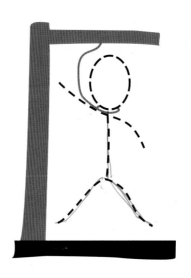

A B C D E F G H
6, 8, 11

I J K L M N O P Q
9, 10 2

R S T U V W X Y Z
4, 7 1, 5 3

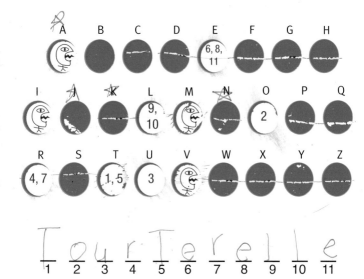

Tourterelle
1 2 3 4 5 6 7 8 9 10 11

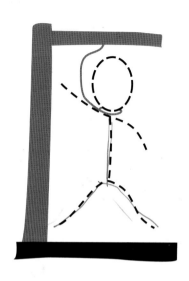

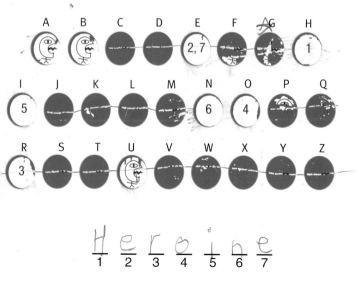

A B C D E F G H
I J K L M N O P Q
R S T U V W X Y Z

E = 2, 7
H = 1
I = 5
N = 6
O = 4
R = 3

H e r o i n e
1 2 3 4 5 6 7

9

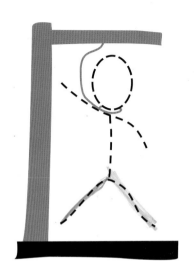

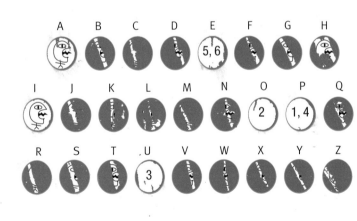

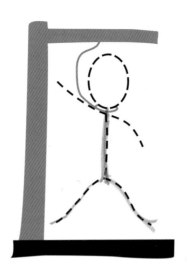

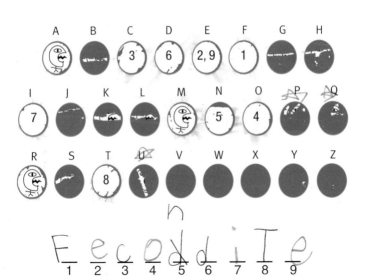

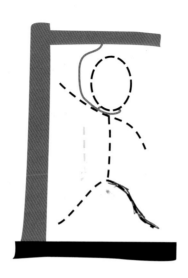

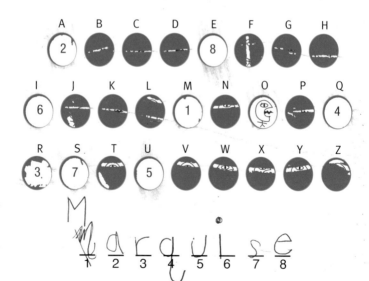

Marquise

1 2 3 4 5 6 7 8

12

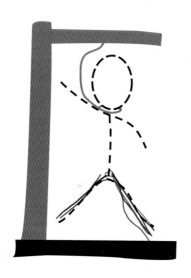

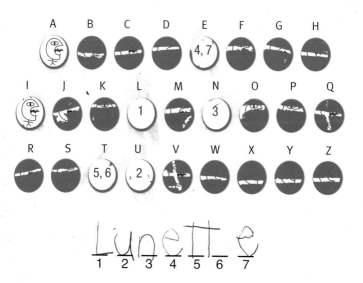

Lunette
1 2 3 4 5 6 7

13

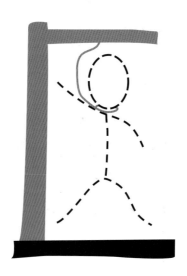

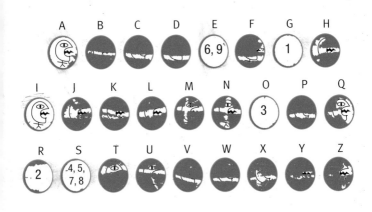

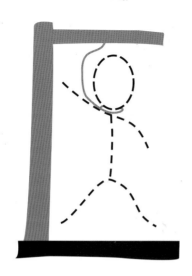

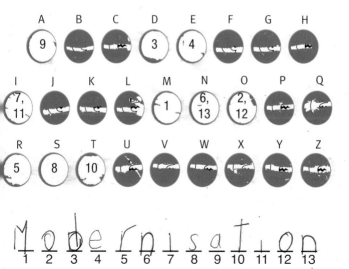

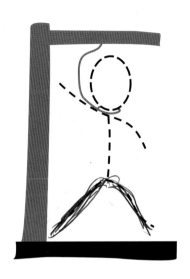

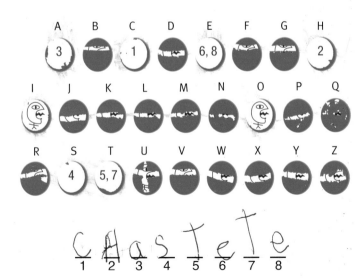

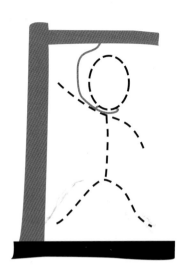

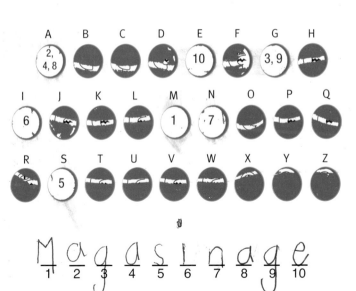

A	B	C	D	E	F	G	H
2, 4, 8				10		3, 9	

I	J	K	L	M	N	O	P	Q
6				1	7			

R	S	T	U	V	W	X	Y	Z
	5							

Magasinage

1 2 3 4 5 6 7 8 9 10

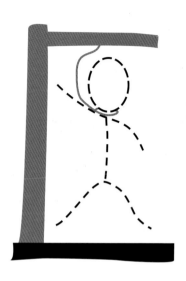

A	B	C	D	E	F	G	H
2,4				9			

I	J	K	L	M	N	O	P	Q
8			6				1,5	

R	S	T	U	V	W	X	Y	Z
3			7					

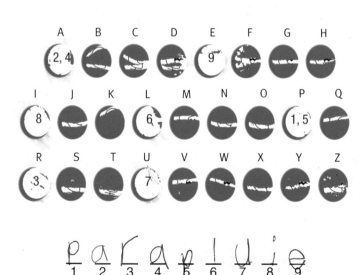

p a r a p l u i e
1 2 3 4 5 6 7 8 9

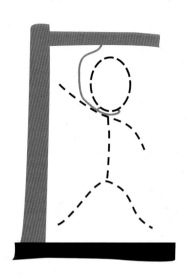

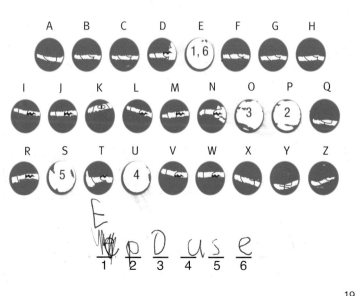

A	B	C	D	E	F	G	H
				1,6			

I	J	K	L	M	N	O	P	Q
						3	2	

R	S	T	U	V	W	X	Y	Z
	5		4					

E

$\dfrac{e}{1}$ $\dfrac{p}{2}$ $\dfrac{D}{3}$ $\dfrac{u}{4}$ $\dfrac{s}{5}$ $\dfrac{e}{6}$

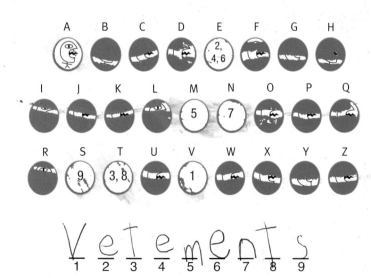

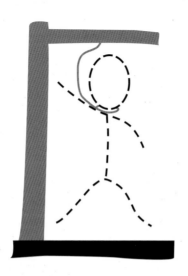

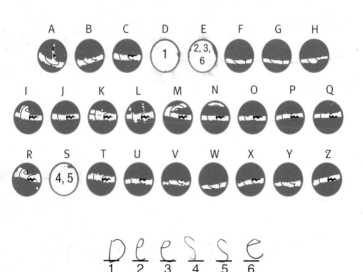

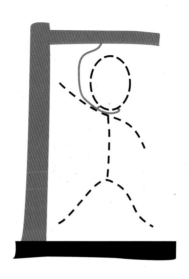

A 9
B
C 1
D 8
E 6, 11
F
G
H 2

I 3
J
K
L 10
M
N 7
O
P 4, 5
Q

R
S
T
U
V
W
X
Y
Z

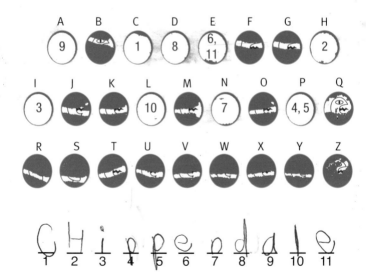

C h i p p e n d a l e
1 2 3 4 5 6 7 8 9 10 11

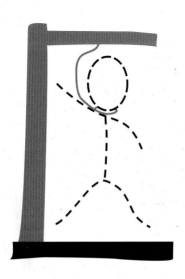

A 8   B   C   D   E 7   F   G   H

I   J   K   L   M   N   O 3   P   Q

R 2   S 5, 6   T 1   U 4, 9   V   W   X   Y   Z

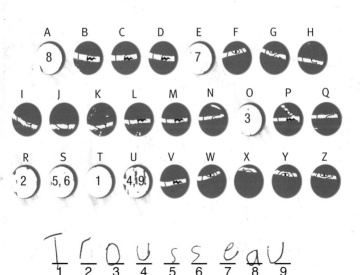

T r o u s s e a u
1   2   3   4   5   6   7   8   9

23

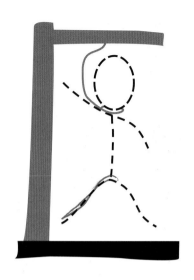

A	B	C	D	E	F	G	H
		4	1	8, 11			7

I	J	K	L	M	N	O	P	Q
2?						5		9

R	S	T	U	V	W	X	Y	Z
	3	6	10					

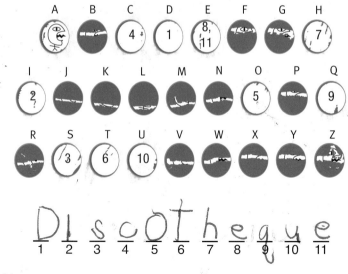

Discotheque

1 2 3 4 5 6 7 8 9 10 11

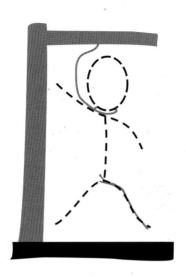

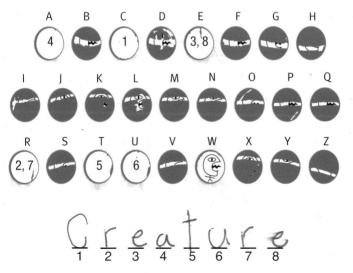

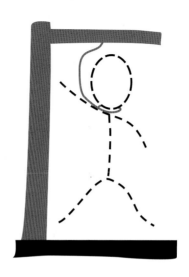

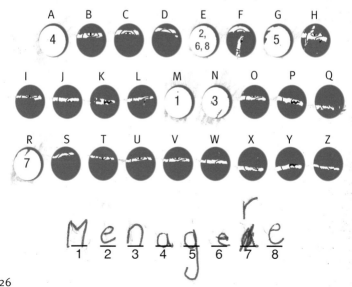

Menage r e
1 2 3 4 5 6 7 8

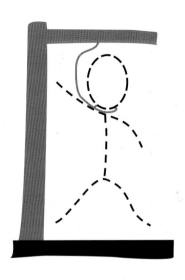

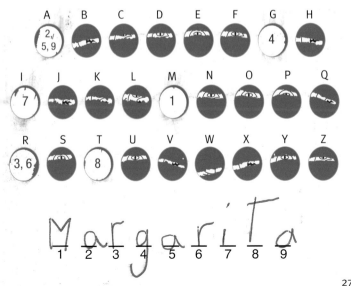

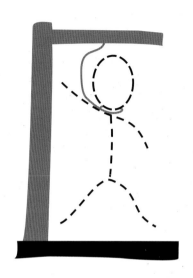

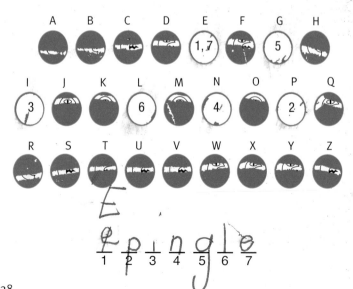

E

É p i n g l e
‾   ‾   ‾   ‾   ‾   ‾   ‾
1   2   3   4   5   6   7

28

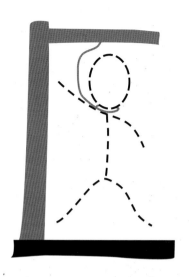

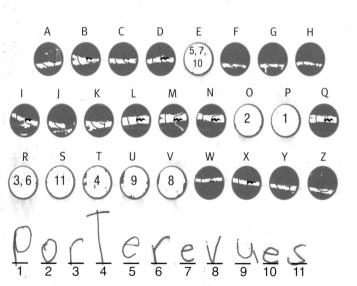

A B C D E 5, 7, 10 F G H

I J K L M N O 2 P 1 Q

R 3, 6 S 11 T 4 U 9 V 8 W X Y Z

Porterevues
1 2 3 4 5 6 7 8 9 10 11

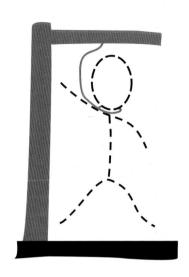

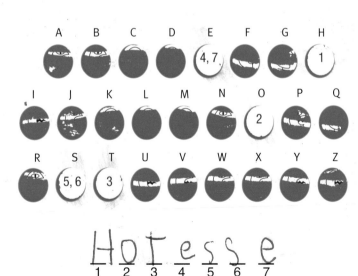

HOTesse
1 2 3 4 5 6 7

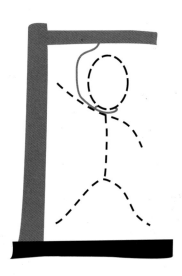

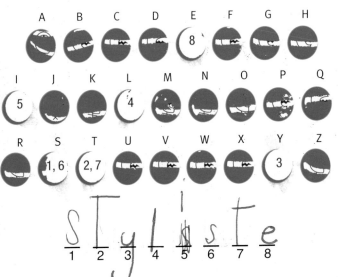

S	T	y	l	i	s	t	e
1	2	3	4	5	6	7	8

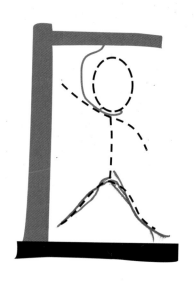

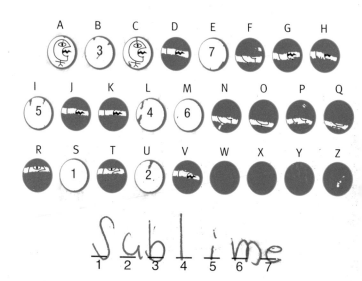

32

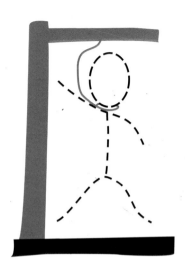

A B C D E `5, 8` F G `4` H

I `2, 7` J K L `1` M N `3` O P Q

R `6` S T U V W X Y Z

L __ __ __ __ __ __ __
1   2   3   4   5   6   7   8

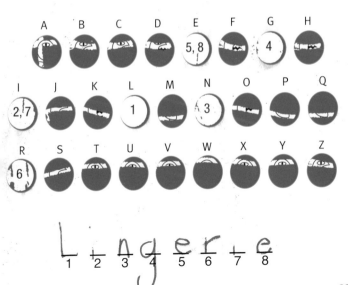

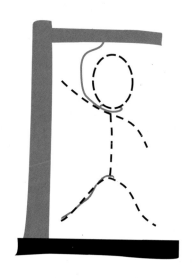

A	B	C	D	E	F	G	H
3, 6		5		10	1		

I	J	K	L	M	N	O	P	Q
2, 7			8, 9		4			

R	S	T	U	V	W	X	Y	Z
	11							

F	i	a	n	c	a	l	l	e	s
1	2	3	4	5	6	7	8	9	10	11

34

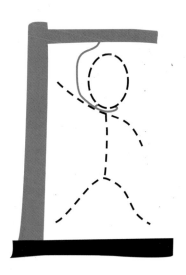

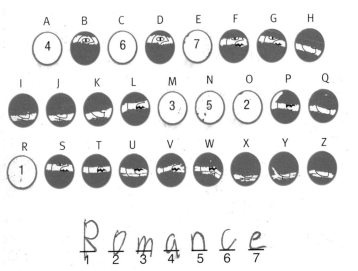

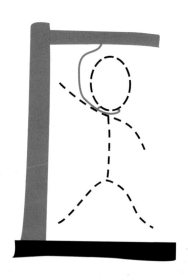

A B C D E F G H
2, 5, 8
I J K L M N O P Q
1 4
R S T U V W X Y Z
6, 7 3

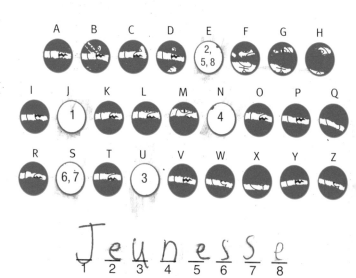

J e u n e s s e
1 2 3 4 5 6 7 8

36

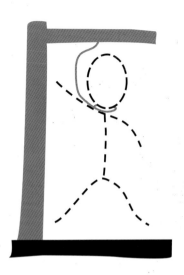

A
2, 5, 7
B
C
4
D
E
F
G
H

I
J
K
L
M
1
N
O
P
Q

R
6
S
3
T
U
V
W
X
Y
Z

$$\underset{1}{M}\ \underset{2}{u}\ \underset{3}{s}\ \underset{4}{c}\ \underset{5}{a}\ \underset{6}{r}\ \underset{7}{a}$$

A	B	C	D	E	F	G	H
2	1			9		4	

I	J	K	L	M	N	O	P	Q
3, 7					5	6		

R	S	T	U	V	W	X	Y	Z
8								

b a i g n o i r e
1 2 3 4 5 6 7 8 9

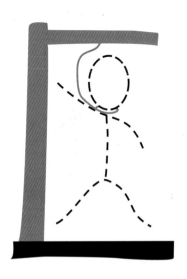

A	B	C	D	E	F	G	H
3	4		1	6, 9			

I	J	K	L	M	N	O	P	Q
2			5					

R	S	T	U	V	W	X	Y	Z
	7, 8							

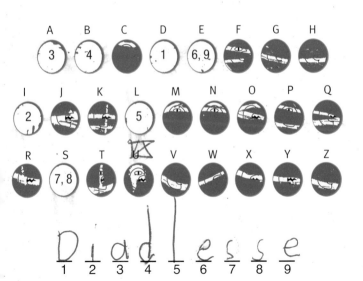

D i a d   e s s e
1 2 3 4 5 6 7 8 9

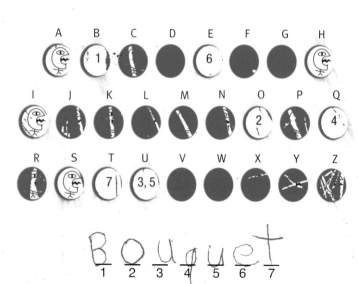

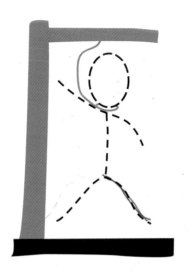

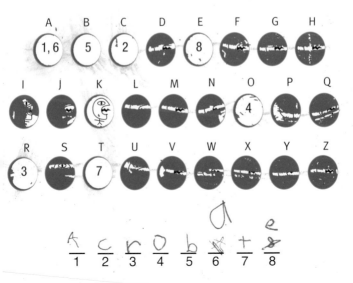

A	B	C	D	E	F	G	H
1,6	5	2		8			

I	J	K	L	M	N	O	P	Q
						4		

R	S	T	U	V	W	X	Y	Z
3		7						

$$\frac{A}{1} \quad \frac{c}{2} \quad \frac{r}{3} \quad \frac{o}{4} \quad \frac{b}{5} \quad \frac{a}{6} \quad \frac{t}{7} \quad \frac{e}{8}$$

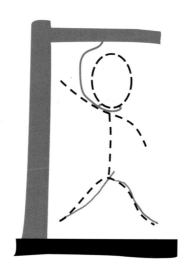

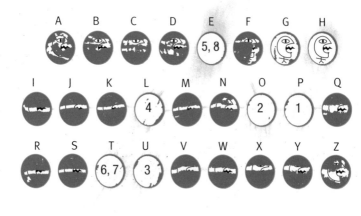

$$\underset{1}{P}\;\underset{2}{o}\;\underset{3}{u}\;\underset{4}{l}\;\underset{5}{e}\;\underset{6}{t}\;\underset{7}{t}\;\underset{8}{e}$$

fag

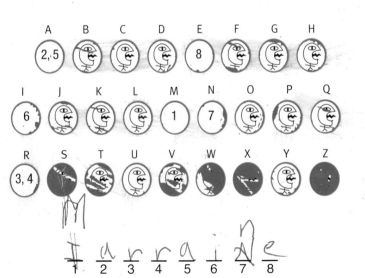

A	B	C	D	E	F	G	H
2,5				8			

I	J	K	L	M	N	O	P	Q
6				1	7			

R	S	T	U	V	W	X	Y	Z
3,4								

I a r r a i n e
1 2 3 4 5 6 7 8

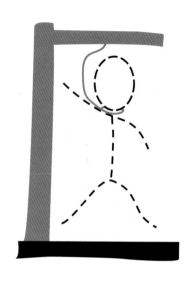

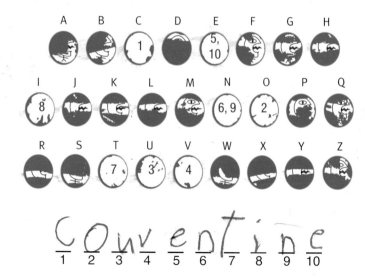

C O u v e n t i n e
1 2 3 4 5 6 7 8 9 10

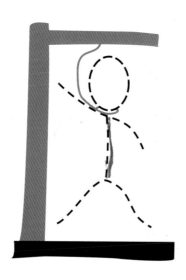

A	B	C	D	E	F	G	H
2, 4				8		3	

I	J	K	L	M	N	O	P	Q
6				1	7			

R	S	T	U	V	W	X	Y	Z
	9							5

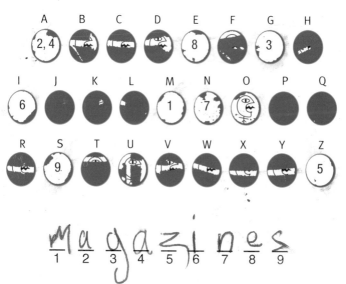

$$\underset{1}{M}\ \underset{2}{a}\ \underset{3}{g}\ \underset{4}{a}\ \underset{5}{z}\ \underset{6}{i}\ \underset{7}{n}\ \underset{8}{e}\ \underset{9}{s}$$

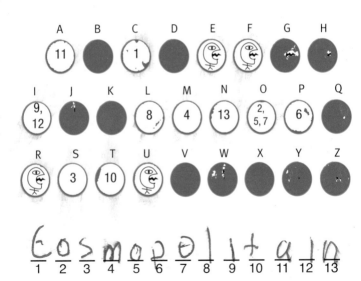

A B C D E F G H
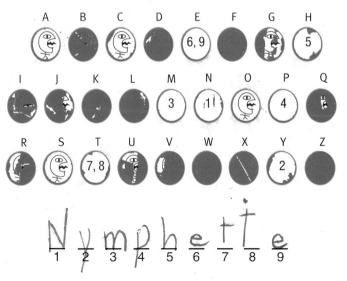

E	H	M	N	O	P
6, 9	5	3	1		4

T
7, 8

Y
2

N y m p h e t t e
1 2 3 4 5 6 7 8 9

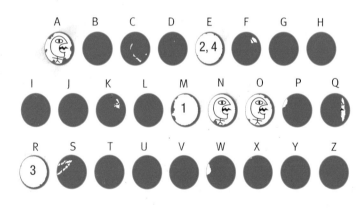

$$\underline{M}\ \underline{c}\ \underline{r}\ \underline{e}$$
1 2 3 4

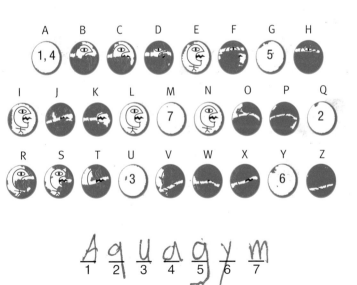

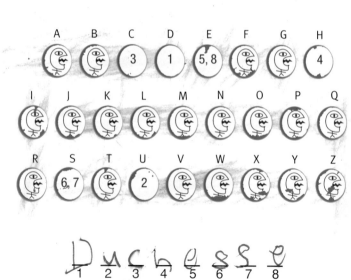

A	B	C	D	E	F	G	H
		3	1	5, 8			4

I	J	K	L	M	N	O	P	Q

R	S	T	U	V	W	X	Y	Z
	6, 7		2					

D u c h e s s e
1 2 3 4 5 6 7 8

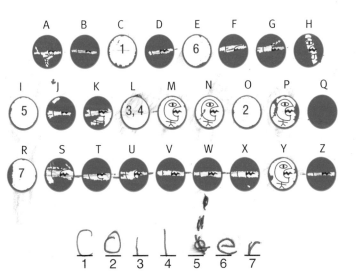

C O L L b e r
1 2 3 4 5 6 7

51

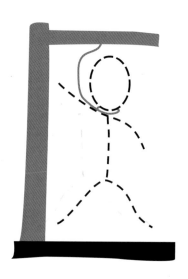

A	B	C	D	E	F	G	H
5				3			

I	J	K	L	M	N	O	P	Q
						1	2	

R	S	T	U	V	W	X	Y	Z
4								

O p e r a
1 2 3 4 5

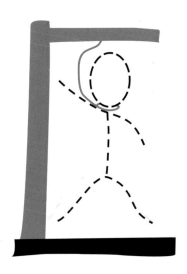

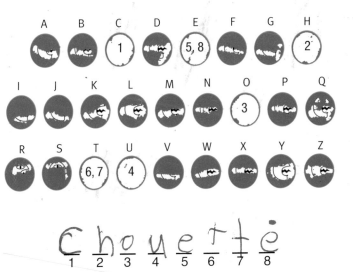

$$\underset{1}{C}\ \underset{2}{ho}\ \underset{3}{u}\ \underset{4}{e}\ \underset{5}{t}\ \underset{6}{t}\ \underset{7}{e}$$

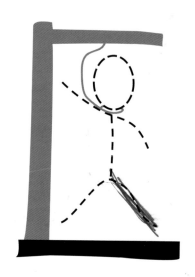

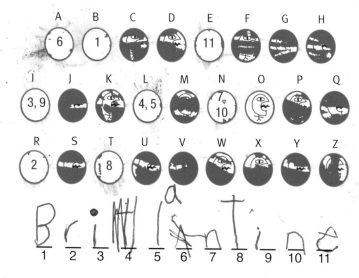

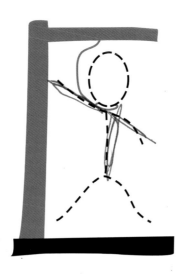

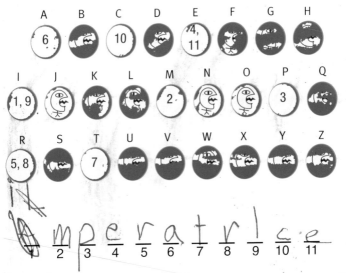

A (6)   B   C (10)   D   E (4, 11)   F   G   H

I (1, 9)   J   K   L   M (2)   N   O   P (3)   Q

R (5, 8)   S   T (7)   U   V   W   X   Y   Z

$\underset{1}{\text{i}}\ \underset{2}{\text{m}}\ \underset{3}{\text{p}}\ \underset{4}{\text{e}}\ \underset{5}{\text{r}}\ \underset{6}{\text{a}}\ \underset{7}{\text{t}}\ \underset{8}{\text{r}}\ \underset{9}{\text{i}}\ \underset{10}{\text{c}}\ \underset{11}{\text{e}}$

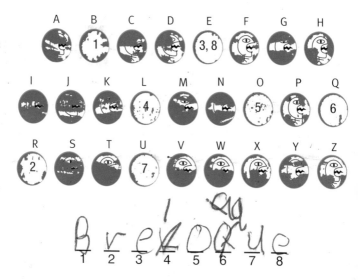

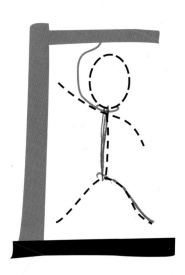

A B C D E F G H
I J K L M N O P Q
R S T U V W X Y Z

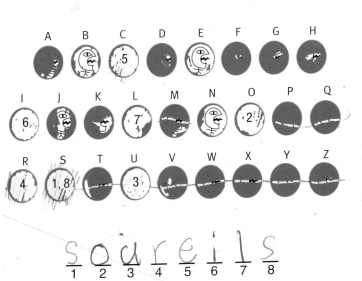

s o u r e i l s
1 2 3 4 5 6 7 8

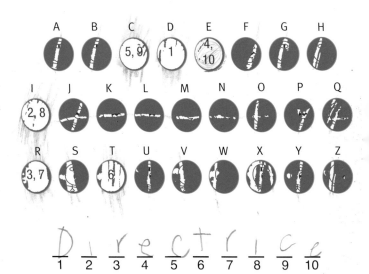

A	B	C	D	E	F	G	H
		5, 9	1	4, 10			

I	J	K	L	M	N	O	P	Q
2, 8								

R	S	T	U	V	W	X	Y	Z
3, 7		6						

D i r e c t r i c e
1 2 3 4 5 6 7 8 9 10

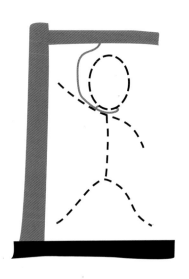

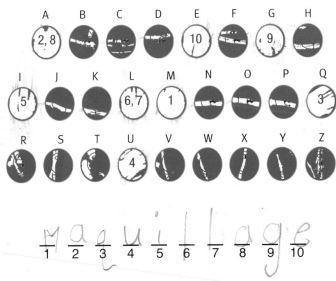

A 2, 8   B   C   D   E 10   F   G 9   H

I 5   J   K   L 6, 7   M 1   N   O   P   Q 3

R   S   T   U 4   V   W   X   Y   Z

Maquillage

1 2 3 4 5 6 7 8 9 10

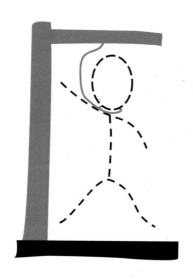

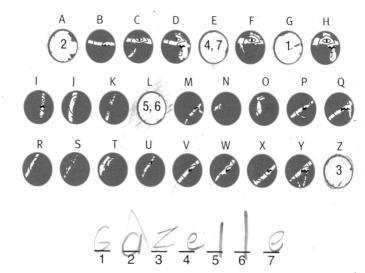

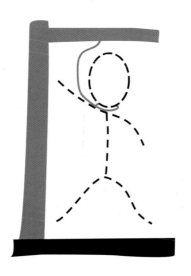

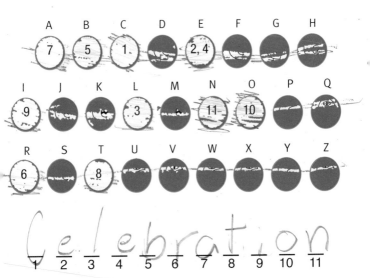

A	B	C	D	E	F	G	H
7	5	1		2, 4			

I	J	K	L	M	N	O	P	Q
9			3		11	10		

R	S	T	U	V	W	X	Y	Z
6		8						

Celebration

$\overline{1}$ $\overline{2}$ $\overline{3}$ $\overline{4}$ $\overline{5}$ $\overline{6}$ $\overline{7}$ $\overline{8}$ $\overline{9}$ $\overline{10}$ $\overline{11}$

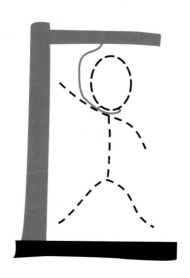

A 5 B C 1 D E 7 F G 6 H

I J K L M N O 2 P Q

R 3 S 4 T U V W X Y Z

Corsage

1 2 3 4 5 6 7

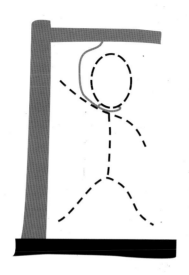

A	B	C	D	E	F	G	H
				4			

I	J	K	L	M	N	O	P	Q
	1						3	

R	S	T	U	V	W	X	Y	Z
			2					

J U P E
1 2 3 4

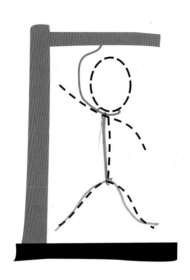

A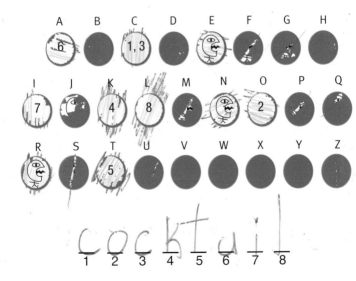

B C D E F G H

I J K L M N O P Q

R S T U V W X Y Z

A 6
C 1,3
I 7
K 4
L 8
O 2
T 5

c o c k t a i l
1 2 3 4 5 6 7 8

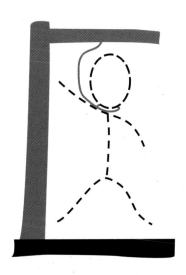

A	B	C	D	E	F	G	H
2		9	4	8, 11			

I	J	K	L	M	N	O	P	Q
5	1				6			

R	S	T	U	V	W	X	Y	Z
3, 10	7	12						

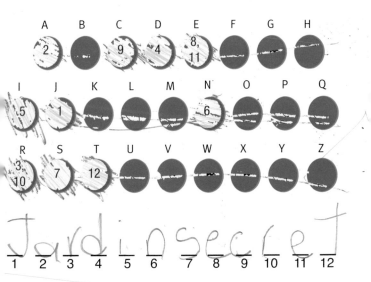

J a r d i n o s e c r e t
1 2 3 4 5 6 7 8 9 10 11 12

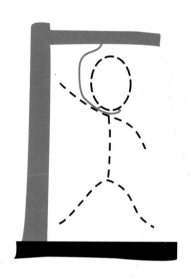

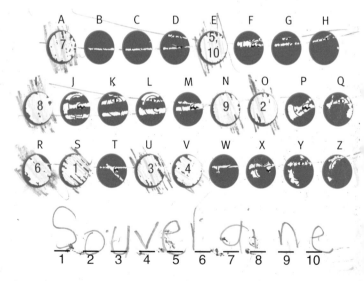

A 7 B C D E 5, 10 F G H

I 8 J K L M N 9 O 2 P Q

R 6 S 1 T U 3 V 4 W X Y Z

Souvelaine

1 _ 2 _ 3 _ 4 _ 5 _ 6 _ 7 _ 8 _ 9 _ 10

66

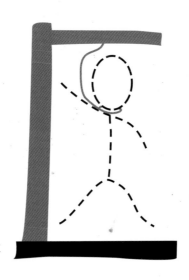

A	B	C	D	E	F	G	H
		4		3, 6, 9			

I	J	K	L	M	N	O	P	Q
5							1	

R	S	T	U	V	W	X	Y	Z
2	8		7					

Precieuse

1 2 3 4 5 6 7 8 9

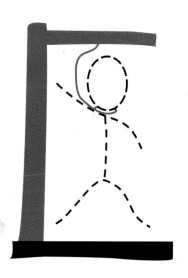

A 3 B C D E 10 F G H
I 8 J K L 7 M 4 N 9 O 6 P 5 Q
R 2 S T 1 U V W X Y Z

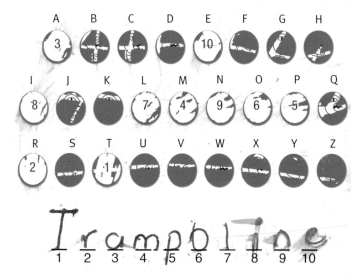

T r a m p b l i n e
1 2 3 4 5 6 7 8 9 10

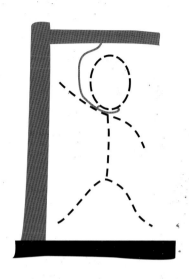

A B C D E F G H

I J K L M N O P Q

R S T U V W X Y Z

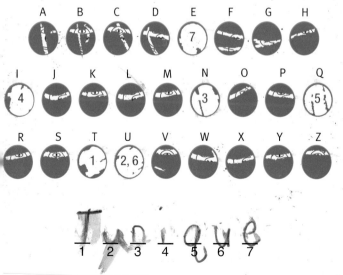

1 2 3 4 5 6 7

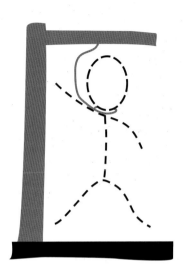

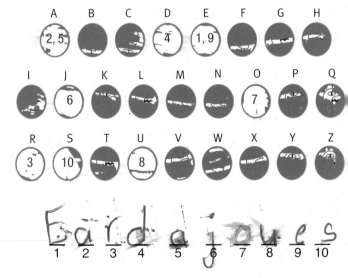

A 2,5   B   C   D 4   E 1,9   F   G   H

I   J 6   K   L   M   N   O 7   P   Q

R 3   S 10   T   U 8   V   W   X   Y   Z

E a r d a j o u e s
1   2   3   4   5   6   7   8   9   10

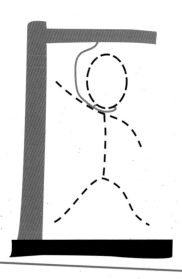

A ③ B C ① D E ⑨ F G H ②

I J K L ⑤ M N O ⑥ P Q

R ④ S T ⑦,⑧ U V W X Y Z

Charlotte
1 2 3 4 5 6 7 8 9

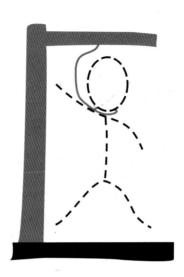

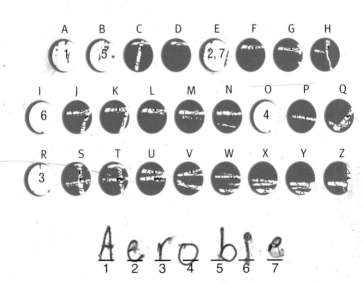

A	B	C	D	E	F	G	H
1	5			2,7			

I	J	K	L	M	N	O	P	Q
6						4		

R	S	T	U	V	W	X	Y	Z
3								

A e r o b i e
1 2 3 4 5 6 7

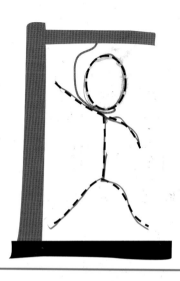

A `2` B C D `4` E `9` F G H

I `7` J K L `6` M `1` N `3,8` O `5` P Q

R S T U V W X Y Z

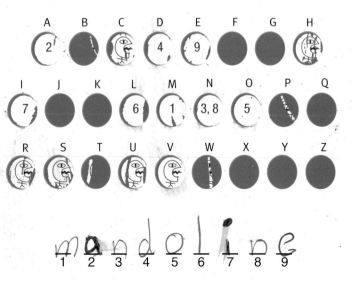

m a n d o l i n e
1 2 3 4 5 6 7 8 9

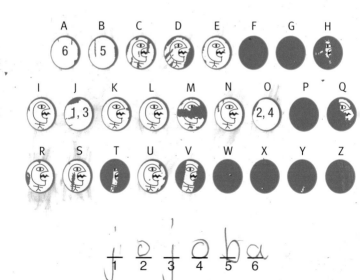

74

A B C D E F G H
I J K L M N O P Q
R S T U V W X Y Z

E 5, 8
I 3, 7
L 4
N 2
R 6
U 1

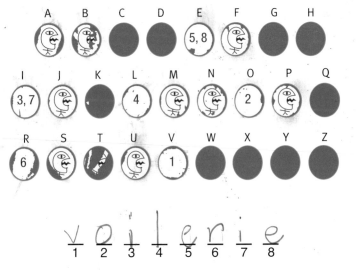

v o i l e r i e
1 2 3 4 5 6 7 8

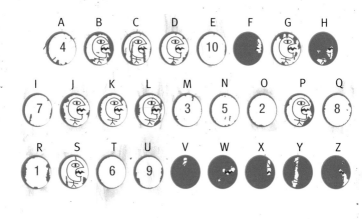

r o m a n t i q u e
1 2 3 4 5 6 7 8 9 10

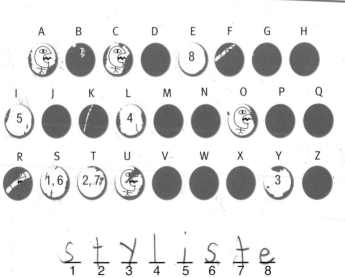

s t y l i s t e
1 2 3 4 5 6 7 8

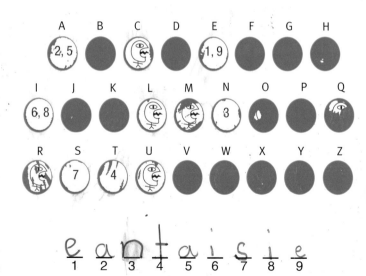

A 2,5   B   C   D   E 1,9   F   G   H

I 6,8   J   K   L   M   N 3   O   P   Q

R   S 7   T 4   U   V   W   X   Y   Z

e a n t a i s i e
1   2   3   4   5   6   7   8   9

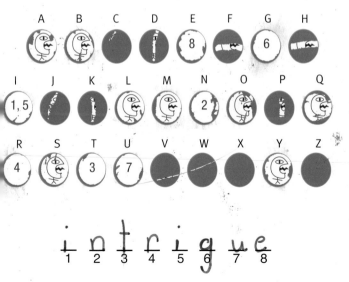

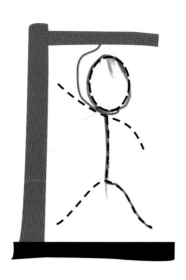

A	B	C	D	E	F	G	H
		1	7	2, 6			

I	J	K	L	M	N	O	P	Q
4, 8			3		5, 10	9		

R	S	T	U	V	W	X	Y	Z

c e l i n e d i o n
1 2 3 4 5 6 7 8 9 10

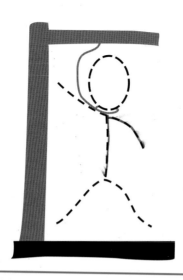

A
5

B

C

D

E
11

F

G
1

H

I
8

J

K

L

M
3

N
4

O

P

Q
9

R

S
6

T
7

U
10

V

W

X

Y
2

Z

g y m n a s t i q u e
1 2 3 4 5 6 7 8 9 10 11

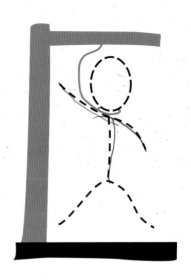

A	B	C	D	E	F	G	H
2				8			1

I	J	K	L	M	N	O	P	Q
7				4	6	5		

R	S	T	U	V	W	X	Y	Z
3								

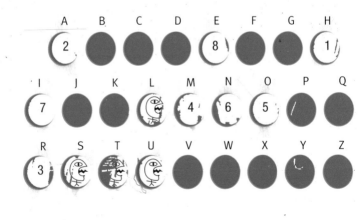

h a r m o n i e
1 2 3 4 5 6 7 8

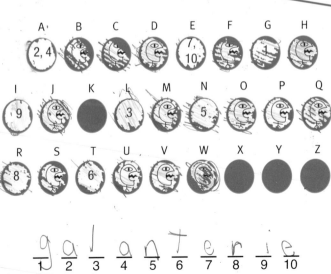

A	B	C	D	E	F	G	H
2, 4				7, 10		1	

I	J	K	L	M	N	O	P	Q
9				3		5		

R	S	T	U	V	W	X	Y	Z
8		6						

g a l a n t e r i e
1 2 3 4 5 6 7 8 9 10

A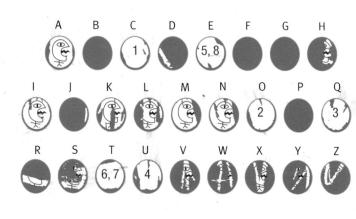

B

C 1

D

E 5,8

F

G

H

I

J

K

L

M

N

O 2

P

Q 3

R

S

T 6,7

U 4

V

W

X

Y

Z

c r o q u e t t e
1 2 3 4 5 6 7 8

84

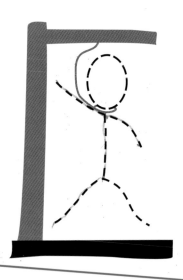

A	B	C	D	E	F	G	H
3			1, 4	5, 7			

I	J	K	L	M	N	O	P	Q
2				6				

R	S	T	U	V	W	X	Y	Z

d i a d e m e.
1 2 3 4 5 6 7

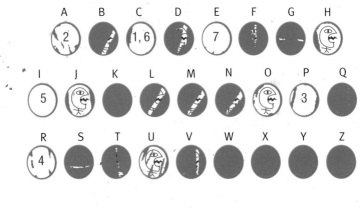

A	B	C	D	E	F	G	H
2		1,6		7			

I	J	K	L	M	N	O	P	Q
5							3	

R	S	T	U	V	W	X	Y	Z
4								

C a p r i c e
1 2 3 4 5 6 7

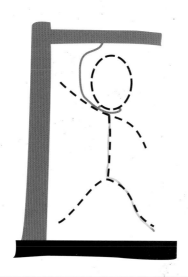

A B C D E(2,5) F G H

I(3) J K L M N(4) O P Q

R(1) S T U V W X Y Z

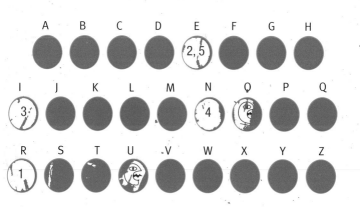

r e i n e
1 2 3 4 5

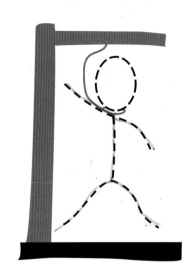

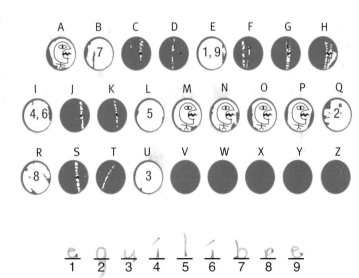

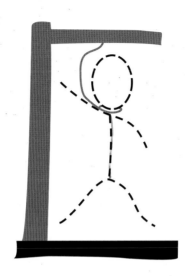

A	B	C	D	E	F	G	H
2, 4			6	7			

I	J	K	L	M	N	O	P	Q
			1		5			

R	S	T	U	V	W	X	Y	Z
				3				

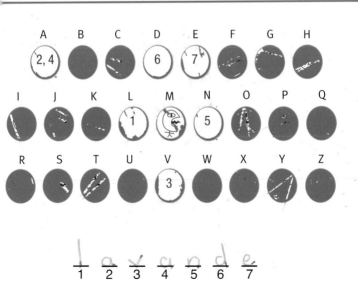

l a v a n d e
1 2 3 4 5 6 7

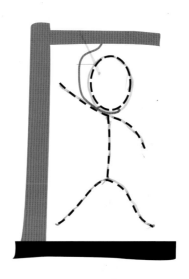

A
10

B

C

D

E
2, 7, 12

F

G

H

I
5

J

K

L
11

M
6

N
3, 8

O

P

Q

R

S
1

T
4, 9

U

V

W

X

Y

Z

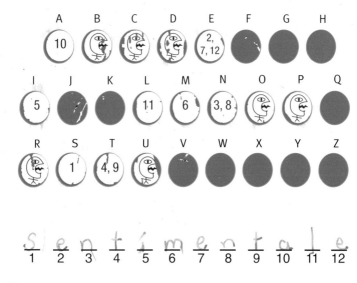

s e n t i m e n t a l e
1 2 3 4 5 6 7 8 9 10 11 12

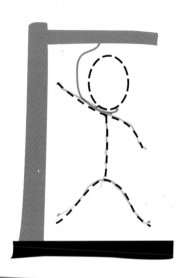

A	B	C	D	E	F	G	H
1				10			

I	J	K	L	M	N	O	P	Q
4, 7								8

R	S	T	U	V	W	X	Y	Z
2	5	3, 6	9					

$$\underset{1}{a}\ \underset{2}{r}\ \underset{3}{t}\ \underset{4}{i}\ \underset{5}{s}\ \underset{6}{t}\ \underset{7}{i}\ \underset{8}{g}\ \underset{9}{u}\ \underset{10}{e}$$

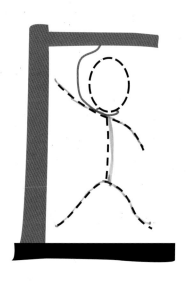

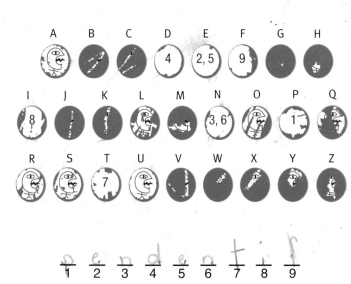

p e n d e n t i f
‾ ‾ ‾ ‾ ‾ ‾ ‾ ‾ ‾
1 2 3 4 5 6 7 8 9

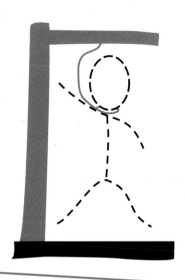

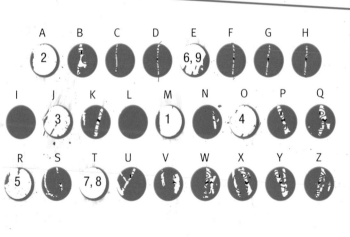

A	B	C	D	E	F	G	H
2				6, 9			

I	J	K	L	M	N	O	P	Q
	3			1		4		

R	S	T	U	V	W	X	Y	Z
5		7, 8						

m a j o r e t t e
1 2 3 4 5 6 7 8 9

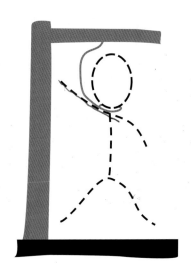

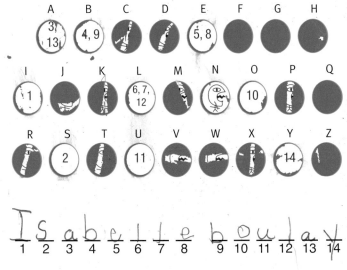

A $\overset{3,}{13}$ B $4,9$ C D E $5,8$ F G H

I 1 J K L $6,7,12$ M N O 10 P Q

R S 2 T U 11 V W X Y 14 Z

I s a b e l l e   b o u l a y
1 2 3 4 5 6 7 8   9 10 11 12 13 14

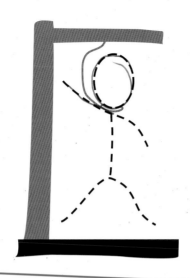

A	B	C	D	E	F	G	H
2	1			5, 8			

I	J	K	L	M	N	O	P	Q

R	S	T	U	V	W	X	Y	Z
3, 4		6, 7						

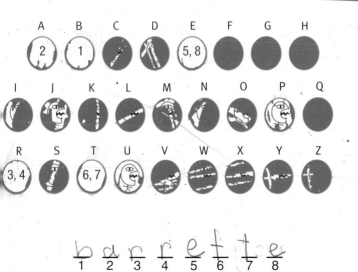

b a r r e t t e
1 2 3 4 5 6 7 8

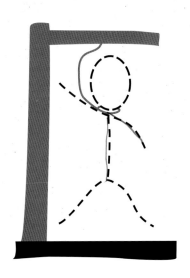

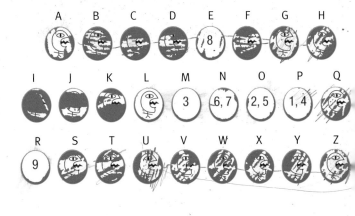

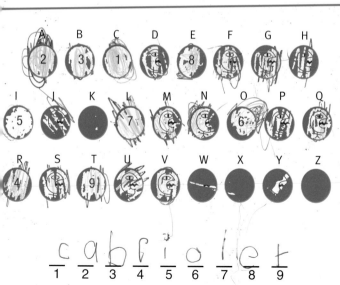

A	B	C	D	E	F	G	H
2	3	1	6	8			

I	J	K	L	M	N	O	P	Q
5			7			6		

R	S	T	U	V	W	X	Y	Z
4		9						

c a b r i o l e t
1 2 3 4 5 6 7 8 9

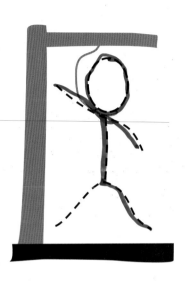

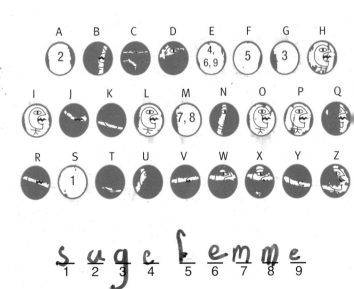

A	B	C	D	E	F	G	H
2				4, 6, 9	5	3	

I	J	K	L	M	N	O	P	Q
				7, 8				

R	S	T	U	V	W	X	Y	Z
	1							

s u g e f e m m e
1 2 3 4 5 6 7 8 9

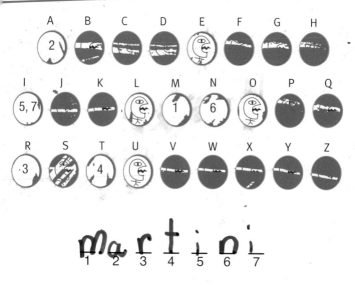

$\underset{1}{m}\underset{2}{a}\underset{3}{r}\underset{4}{t}\underset{5}{i}\underset{6}{n}\underset{7}{i}$

103

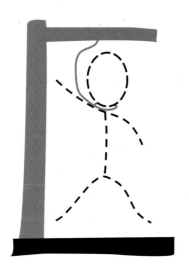

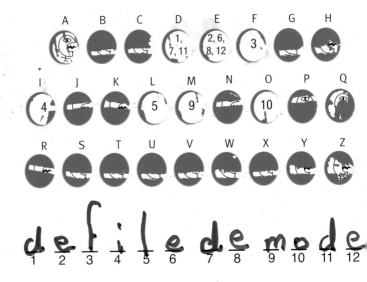

A B C
D $\frac{1,}{7, 11}$ E $\frac{2, 6,}{8, 12}$ F 3 G H
I 4 J K L 5 M 9 N O 10 P Q
R S T U V W X Y Z

d e f i l e d e m o d e
1 2 3 4 5 6 7 8 9 10 11 12

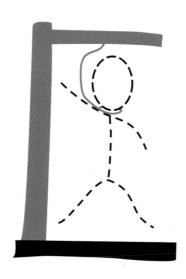

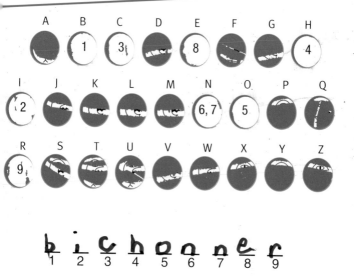

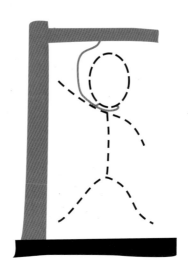

A 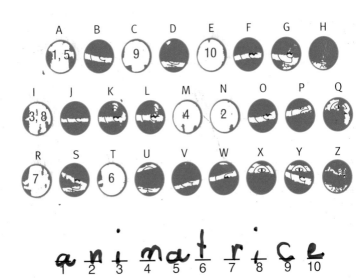 B C D E F G H

1,5   9   10

I J K L M N O P Q

3,8   4   2

R S T U V W X Y Z

7   6

a n i m a t r i c e
1 2 3 4 5 6 7 8 9 10

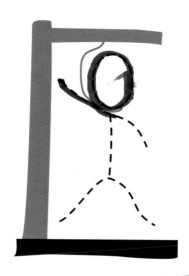

A	B	C	D	E	F	G	H
1		5		3, 6, 8		2	

I	J	K	L	M	N	O	P	Q
				7	4, 9			

R	S	T	U	V	W	X	Y	Z
		10						

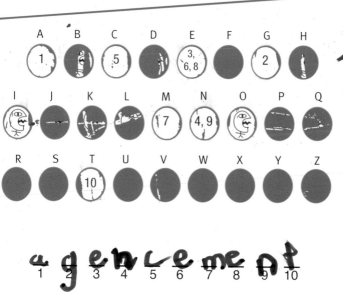

agencement

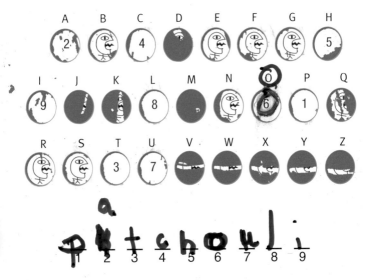

Clara

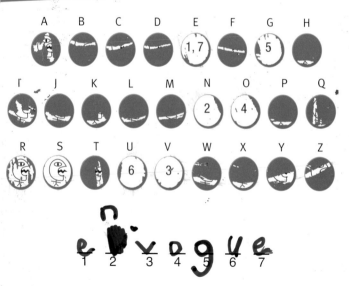

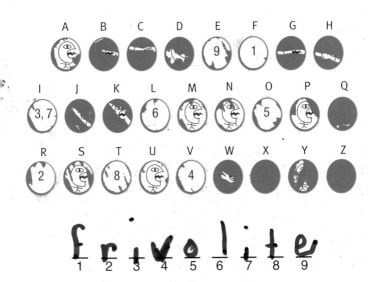

f r i v o l i t e
1 2 3 4 5 6 7 8 9

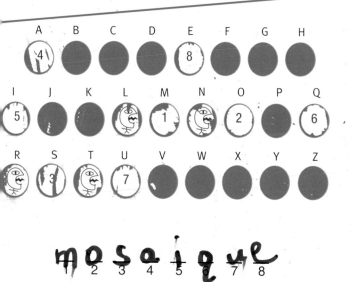

Bravo !

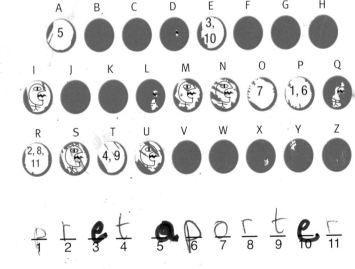

A — 5
B
C
D
E — 3, 10
F
G
H
I
J
K
L
M
N
O — 7
P — 1, 6
Q
R — 2, 8, 11
S
T — 4, 9
U
V
W
X
Y
Z

p r e t   a p o r t e r
1 2 3 4   5 6 7 8 9 10 11

Bravo 1

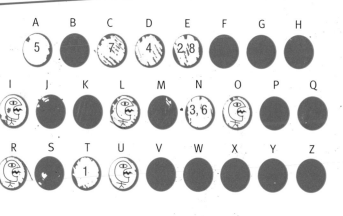

A	B	C	D	E	F	G	H
5		7	4	2,8			

I	J	K	L	M	N	O	P	Q
					3,6			

R	S	T	U	V	W	X	Y	Z
		1						

T e n d a n c e
1 2 3 4 5 6 7 8

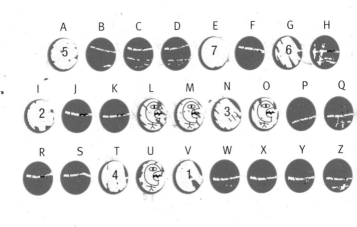

A	B	C	D	E	F	G	H
5				7		6	

I	J	K	L	M	N	O	P	Q
2					3			

R	S	T	U	V	W	X	Y	Z
		4		1				

7

A 4 B C 3 D E 1 F G H

I J K L M N 8 O P 6 Q

R 5 S 2 T U V W X Y Z

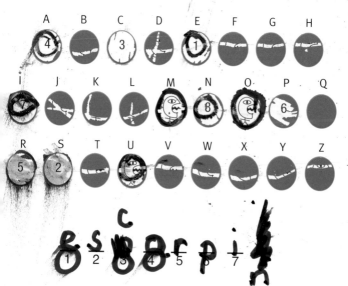

c
e s o o r p i
1 2 3 4 5 6 7

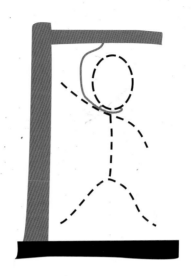

A B C D E F G H

(1,5) (...) (...) (...) (4) (...) (...) (...)

I J K L M N O P Q

(...) (...) (...) (...) (...) (2,3) (...) (...) (...)

R S T U V W X Y Z

(...) (...) (...) (6) (...) (...) (...) (...) (...)

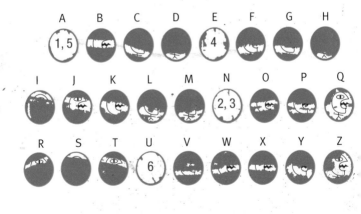

anneau

1 2 3 4 5 6

A ⑥ B C D E ⑨ F G H

I ⑦ J K L ⑤ M N O ② P ①,③ Q

R ⑧ S T U ④ V W X Y Z

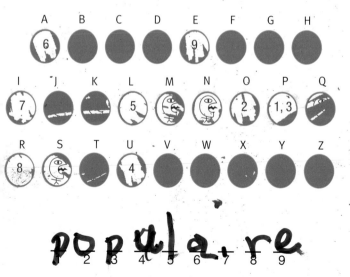

p o p u l a i r e
1 2 3 4 5 6 7 8 9

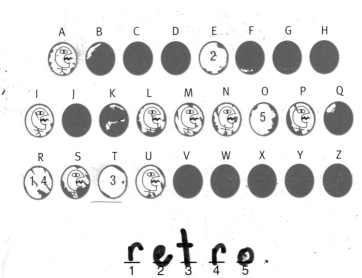

retro.
1 2 3 4 5

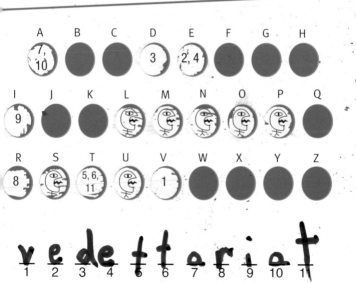

A	B	C	D	E	F	G	H
7, 10			3	2, 4			

I	J	K	L	M	N	O	P	Q
9								

R	S	T	U	V	W	X	Y	Z
8		5, 6, 11		1				

v e d e t t a r i a t
1 2 3 4 5 6 7 8 9 10 11

119

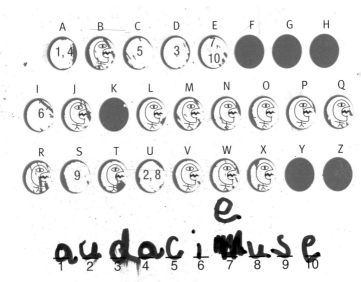

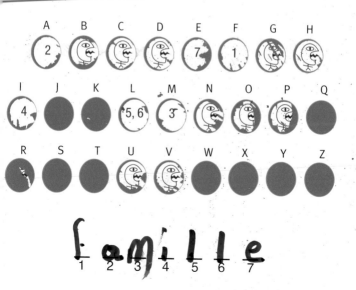

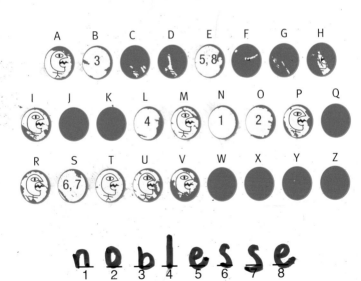

noblesse

1 2 3 4 5 6 7 8

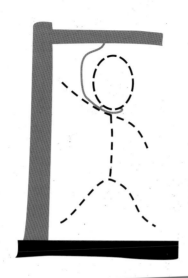

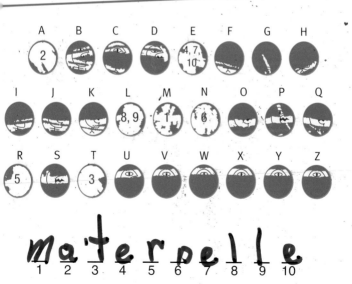

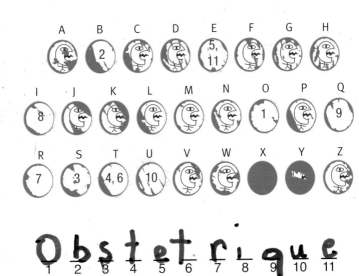

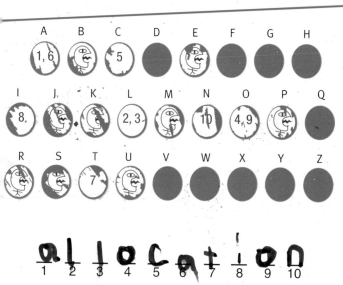